Christian Beaumelou

LA GUERRE
DE CENT ANS

annoté
par
Yoshio Fukui

TOKYO
EDITIONS ASAHI

〈さし絵〉 福島令子

は　し　が　き

　しばらく病気であった Beaumelou 氏が再びその才能を発揮し，いつもの通り語り口も巧みでやさしく，フランス人なら誰でも知っている物語，歴史をやさしいフランス語で話してくださることになり，先年は『モンテ・クリスト伯』を，ついで今年は『百年戦争』を書き上げてくださいました。長い間この Facile à lire 叢書の成功を支えてくださったことを感謝するとともにこれからもまた続けてくださることを願っています。

　今まで書かれた教材のリストを眺めると，多岐にわたり，有名な物語，われわれのよく知らない中世の事柄などがみな身近に読める，それもやさしいフランス語で読めるようになってきたと感じます。

　ここにフランス史で最も重要な事件のひとつ『百年戦争』が簡単に読め，Duguesclin, Dunois といったフランス人の子供なら知っている人物を知り，Jean sans peur とか Le Prince Noir といった名にも親しめるのは，フランスをよりよく知るためのひとつの重要な進歩かと思います。教室のみではなく，学生さんたちが自分の家で軽く読むようになればフランス語の言い回しに慣れ，役に立つだろうかと思います。よろしくご推奨ください。

　　1989年　春

福　井　芳　男

TABLE DES MATIERES

INTRODUCTION 5

L'HERITAGE DE FRANCE 10

CRECY 14

LES BOURGEOIS DE CALAIS 18

LA PESTE NOIRE 24

POITIERS 28

LE GRAND FERRE 34

LES GRANDES COMPAGNIES 38

BERTRAND DUGUESCLIN 41

CHARLES VI LE FOU 47

ARMAGNACS ET BOURGUIGNONS 50

LE ROI DE BOURGES 56

JEANNE D'ARC 61

CHARLES VII LE VICTORIEUX 67

INTRODUCTION

La plus longue guerre de l'Histoire dura cent seize ans. Elle opposa les Français et les Anglais, mais elle se déroula tout entière en France. Elle causa beaucoup de souffrances, beaucoup de malheurs et beaucoup de ruines. Elle commença le 17 Octobre 1337, par une lettre du roi d'Angleterre Edouard III. Par cette lettre, il déclarait la guerre au roi de France Philippe VI. Elle se termina le 19 Octobre 1453 par la bataille de Castillon. Mais le traité de paix[1] ne fut signé qu'en 1475, à Picquigny (près d'Amiens).

Comme dans un bon roman, le suspense dura jusqu'au bout. Il y eut des bons et des méchants[2], des héros et des traîtres, de grands chefs et des chefs incapables. Cinq cents ans plus tard – aujourd'hui – les petits écoliers français apprennent encore les noms des grandes batailles (et leurs dates!): CRECY (1346), POITIERS (1356), AZINCOURT (1415). Ils lisent avec émotion l'histoire des Bourgeois de

---

1) **traité de paix:** 平和条約。
2) **des bons et des méchants:** 善人と悪人。

Calais[1], le récit des exploits du Grand Ferré[2] et de Bertrand DUGUESCLIN, la merveilleuse aventure de JEANNE D'ARC. Ils ont pitié du pauvre roi fou Charles VI et du malheureux Charles VII, à qui les Anglais avaient pris la moitié de la France. On se moquait de lui en l'appellant le "roi de Bourges", et il avait autant d'ennemis parmi les Français que parmi les Anglais! Ils tremblent aussi, les petits écoliers français, aux souvenirs de la terrible Peste noire[3], aux crimes horribles des Routiers[4], ou aux épouvantables massacres des ARMAGNACS et des BOURGUIGNONS.

Les petits écoliers anglais apprennent la même histoire, Mais pour eux les bons et les méchants ne sont pas toujours les mêmes, les défaites sont des victoires et Jeanne d'Arc n'est pas une sainte mais une sorcière. Français et Anglais ne sont vraiment d'accord que sur une chose, c'est le nom qu'ils donnent à ce terrible duel: à Londres comme à Paris, on l'appelle la GUERRE DE CENT ANS.

---

1) **Bourgeois de Calais:** 1347年，降伏したカレーの住民を救うため，自らすすんで犠牲になろうとした6人の市民。ロダンの彫刻でも有名である。

2) **Grand Ferré:** フェレ。1358年のジャックリーの乱に参加，後にロングイユの攻防戦で武勲を立てた農民。

3) **Péste noire:** 黒死病。14世紀半ばにヨーロッパで大流行し，人口の半分近くが死んだ。

4) **Routiers:** 傭兵くずれの野武士。集団化して各地の町や城を略奪した。

ANGLETERRE

FRANCE

LOUIS IX
1226   1270

PHILIPPE III
1270   1285

EDOUARD I er
1307   1327

PHILIPPE IV
1285   1314

EDOUARD II ←→ Isabelle
1307   1327

LOUIS X   CHARLES IV
1314   1316   1322   1328

PHILIPPE V
1316   1322

JEAN I er
1316

EDOUARD III
1327   1377

Charles
de Valois

PHILIPPE VI
1328   1350

Jean
de Gand

HENRY IV
1399   1413

JEAN II
1350   1364

Edouard
(le Prince Noir)

RICHARD II
1377   1399

CHARLES V
1364   1380

HENRY V ←→ Catherine
1413   1422

CHARLES VI
1380   1422

HENRY VI
1422   1471

CHARLES VII
1422   1461

LOUIS XI
1461   1483

GUERRE DE CENT ANS

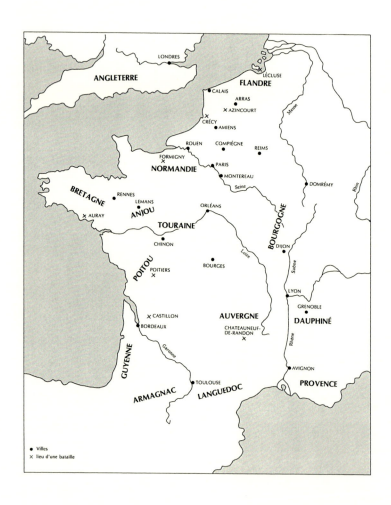

LA GUERRE DE CENT ANS

L'HERITAGE DE FRANCE

Le 31 janvier 1328, le roi de France CHARLES IV mourait. Sa mort posait un difficile problème de succession: il n'avait pas d'enfant. La reine, sa femme, était enceinte. Si elle accouchait d'un garçon, la succession était assurée. Deux mois plus tard, la reine accoucha d'une fille.

Depuis Hugues CAPET, monté sur le trône de France en 987, tous les rois qui s'étaient succédé avaient eu, au moment de leur mort, un fils pour hériter de la couronne. Pour la première fois depuis trois cent quarante-et-un ans, il n'y avait pas de "fils de roi" pour succéder au dernier roi. Bien sûr, rien n'empêchait que la fille qui venait de naître succédât à son père. Dans de nombreux pays les femmes peuvent régner aussi bien que les hommes. Mais, à cette époque, beaucoup de gens pensaient que "le royaume de France est si noble qu'il ne peut aller à une femelle". Ce point de vue est bien orgueilleux pour le royaume et bien méprisant pour les femmes!

La couronne devait donc aller à l'homme qui était le plus proche parent du dernier roi. Cet homme, c'était le neveu de

---

1）**Francs Saliens:** フランク族のサリ支族。現在のフランス，ベルギー，オランダにあたる地域を占領し，フランク王国の統一の中

Charles IV, le fils de sa sœur, Isabelle de France. Par sa mère, Edouard Plantagenêt était un descendant direct des rois capétiens (les descendants d'Hugues Capet). Malheureusement, son père était anglais. Il était mort l'année précédente, et depuis un an, Edouard, qui lui avait succédé, était devenu * EDOUARD III, roi d'Angleterre.

Bien entendu, il n'était pas possible de laisser la couronne de France passer sur la tête du roi d'Angleterre. Mais les juristes sont des gens habiles. Ils trouvèrent, au fond de leurs archives, une loi qui datait de plus de huit siècles. Cette loi * disait que les femmes de ce pays ne pouvaient hériter du "domaine des ancêtres". Donc, disaient les juristes, Isabelle ne peut hériter du royaume des Capétiens. Donc, elle ne peut pas non plus transmettre cet héritage à son fils. Cette loi "miraculeuse" était une loi des Francs Saliens[1], un peuple * germanique venu s'installer en Gaule au Vème siècle. C'est eux qui ont donné à la Gaule son nouveau nom de FRANCE. Quant à la loi des Francs Saliens, on l'appela la loi salique[2].

Après Edouard d'Angleterre, le plus proche parent de Charles IV était son cousin, Philippe de Valois. Le comte de * Valois, père de Philippe, était le frère du roi PHILIPPE IV, père de Charles IV. Les juristes décidèrent donc que c'était à

心となった。
2) **loi salique:** サリカ法典。女性に土地の相続を認めない。

lui que revenait la couronne. Il devint PHILIPPE VI. Toutefois, comme son père n'avait pas été roi, il n'était pas un Capétien direct; il fut donc le premier roi de la dynastie[1] des Valois.

*

*　*

*　Edouard III n'accepta pas de voir la couronne de France lui échapper. Il prépara la guerre contre Philippe VI. En 1337, il se sentit assez fort. Le 19 Octobre, il envoya une lettre au roi de France:

"Edouard, par la grâce de Dieu roi d'Angleterre et d'Ir-
*　lande, à Philippe de Valois:

Par la succession de notre cher oncle Charles IV, roi de France, nous sommes héritier[2] de la couronne de France. Vous avez pris possession de cet héritage et vous le conservez par la force. Mais nous sommes plus proche parent du roi
*　Charles que vous. Nous l'avons fait prouver par le pape de Rome et par l'empereur d'Allemagne. Mais vous n'avez rien voulu entendre et vous gardez à tort votre opinion. Nous vous prévenons donc que nous conquerrons par la force notre héritage de France. A partir d'aujourd'hui, nous vous défions

---

1) **dynastie:** 王家の家系。ただし後のBourbon 家は Capet の一族であったから，共和制下で Louis XVI は Louis Capet と呼ばれた。
2) **nous sommes héritier:** この書簡はもちろん実際の手紙ではな

et nous vous considérons comme notre ennemi.

Fait à Westminster, en notre grand conseil, le dix-neuvième jour du mois d'Octobre 1337

signé: Edouard, par la grâce de Dieu roi
d'Angleterre et d'Irlande." *

La guerre de Cent ans était commencée.

く現代語に書きかえたものであるが，nous はこの場合王個人を
示すもので héritier, plus ploche parent など単数形になっている。

CRECY

L'Angleterre est une île. Pour amener une armée sur le continent, il faut traverser la mer. Et, bien sûr, il faut pouvoir débarquer tranquillement! Il faut donc avoir un port ami. Si possible, il ne doit pas être trop loin de l'endroit où il faudra combattre. Et c'est encore bien mieux si le port est un port anglais.

L'Angleterre possède le grand port de Bordeaux. Mais Bordeaux est loin, dans le sud de la France. Edouard veut conquérir la Normandie et, si possible, aller jusqu'à Paris. Pour cela, il y a un port idéal: c'est CALAIS. Calais est un des meilleurs ports du nord de la France. C'est aussi celui qui est le plus près de l'Angleterre. C'est pourquoi Edouard décida de s'en emparer dès le début de la guerre. S'il est maître de Calais, il pourra aller et venir librement entre l'Angleterre et la France, et débarquer ses soldats sans danger.

Edouard, qui a débarqué en Guyenne et qui a traversé tout l'ouest de la France, se dirige donc vers la mer du Nord. Le

---

1) **l'avant-garde:**　前衛↔ arrière-garde 後衛
2) **chevalier:**　騎士。封建貴族が貴族となるとき一定の儀式を経て騎士になる。そして騎乗して戦いに参加する。

14

roi de France, qui a formé une grande et puissante armée, se lance à sa poursuite. Le matin du 26 août 1336, il apprend que les Anglais se sont arrêtés sur les bords de la Somme, près du village de CRECY. Il n'y a qu'une vingtaine de kilomètres à parcourir. Philippe décide d'attaquer. Le soleil est déjà levé * et il fait chaud. Les soldats, les chevaux sont lourdement chargés d'armes et de bagages. Quand ils arrivent près de Crécy, ils sont épuisés. Philippe comprend qu'il faut remettre la bataille au lendemain, et il décide de laisser l'armée se reposer.   *

Malheureusement, Philippe est au milieu de l'armée en marche. Loin devant lui, l'avant-garde[1] est déjà arrivée devant Crécy. Dans cette avant-garde, il y a des chevaliers[2] (des nobles à cheval), qui se battent pour leur pays, et des mercenaires[3] (des soldats étrangers, payés par le roi), qui se * battent pour de l'argent.

Les chevaliers sont des hommes braves mais peu disciplinés. Dès qu'ils aperçoivent les Anglais, sans attendre les ordres du roi, ils se lancent à l'assaut. Quand Philippe, à son tour, voit les ennemis, il oublie la sage décision qu'il avait prise et il se * précipite derrière son avant-garde avec le reste de l'armée. Il

---

3) **mercenaire:** 傭兵。中世はドイツ，スイスなどから雇われた兵隊が軍の主力を作っていた。

sait que les Français sont plus nombreux et plus puissants que les Anglais et que la cavalerie française est la meilleure du monde.

Mais au moment où les Français s'élancent, un terrible orage éclate. Une énorme pluie tombe sur l'armée, accompagnée d'éclairs et de tonnerre. Le combat s'arrête. Il reprend dès que le soleil revient. Mais il est déjà tard dans l'après-midi, et le soleil aveugle les Français. Leurs armes, mouillées par la pluie, sont inefficaces. Les Anglais, eux, avaient pu se mettre à l'abri, leurs arcs sont secs et les flèches anglaises tombent comme la grêle sur les premières lignes françaises. Les chevaux, les soldats s'enfoncent dans la boue.

Au même moment, on entend à nouveau le tonnerre! Pourtant le ciel est bleu et le soleil brille. Le tonnerre, c'est le bruit des canons anglais. C'est la première fois qu'on utilise le canon dans une bataille, et les mercenaires des premières lignes sont épouvantés. Ils se retournent pour fuir, mais derrière eux, les autres continuent à avancer. C'est une mêlée terrible. Les Anglais continuent à tirer, faisant des centaines[1] de morts. Les chevaliers réussissent à se dégager et s'élancent

---

1) **des centaines de:** 何百もの。une dizaine de 〜 (約10の)，une vingtaine de 〜 (約20の) un millier de 〜 (約1000の) というように概数を表わす。

2) **si pesante que:** si … que, tant de … que など

3) **se faire tuer:** se faire + *inf.* 「〜してもらう」だが，時に受身の

au milieu des Anglais. Parmi eux, il y a le roi de Bohême. Il est vieux et il est aveugle, mais il aime tant la France qu'il a voulu se battre pour elle. Il s'est fait attacher au milieu de ses compagnons.

Les chevaliers français portent une armure si pesante que[2], * quand ils sont jetés à bas de leur cheval, ils ne peuvent se relever. Mais ils préfèrent se faire tuer[3] que de reculer. Quand la nuit arrive, l'armée française est en déroute[4]. Le roi Philippe a été blessé au visage par une flèche. Les chevaliers qui l'entourent l'empêchent de se précipiter au milieu des Anglais. La * bataille finie[5], il parvient à s'échapper avec une petite escorte. Derrière lui, il laisse plus de deux mille morts. Parmi ceux-ci, il y a quelques uns des plus grands seigneurs du royaume et Jean l'Aveugle, roi de Bohême. Les Anglais n'ont perdu que quelques dizaines de soldats et un tout petit nombre de * chevaliers.

意味になる。Je ne veux pas me faire gronder par mon père.「父親に怒られたくない」

4) **être en déroute:** 敗走する。
5) **la bataille finie:** 「戦闘が終って」過去分詞構文。quand la bataille a fini...

LES BOURGEOIS DE CALAIS

Ayant vaincu les Français à Crécy, Edouard avait la route libre pour aller mettre le siège[1] devant Calais. La ville était très bien défendue par de fortes murailles et des fossés remplis d'eau. A l'intérieur, une garnison[2] de soldats commandée par le chevalier Jean de Vienne. Les Anglais comprirent qu'ils ne pourraient[3] la prendre par la force: il fallait mettre le siège c'est-à-dire s'installer autour de la ville, empêcher les habitants de sortir et le ravitaillement de rentrer. Ainsi quand les assiégés auraient mangé[4] toutes leurs réserves de nourriture, ils seraient bien obligés de se rendre aux Anglais.

Autour de Calais, Edouard fait construire un immense camp. Du côté de la mer, les bateaux anglais empêchent les bateaux français de venir ravitailler les habitants de la ville. Il y a là près de sept cents vaisseaux! Jean de Vienne demande au roi d'Angleterre de laisser sortir de la ville tous ceux qui ne

---

1) **mettre le siège:** 攻囲戦を始める。
2) **garnison:** 防衛隊。
3) **qu'ils ne pourraient...:** 時制の一致による条件法・現在形（過去における未来を表わす）
4) **auraient mangé:** 条件法・過去形。ここは前の文を受けて，過去における未来を表わす。未来完了の意味を持つので条件法・過去形になっている。

sont pas utiles à la défense: deux mille hommes, femmes et enfants quittent la cité. Edouard les laisse passer.

Au mois de juin 1347, les assiégés commencent à souffrir de la faim. Le siège dure depuis neuf mois! Jean de Vienne écrit au roi de France pour lui demander secours: "Nous * avons tout mangé, chiens, chats, chevaux. Nous ne pouvons plus vivre. Si vous ne nous portez rapidement secours, nous sortirons de la ville pour combattre et mourir." Philippe décide d'aller au secours de Calais. Mais il met trop longtemps à se préparer et Edouard a le temps de protéger son camp * contre l'attaque des Français. Quand le roi de France arrive devant Calais, il comprend qu'il ne pourra vaincre les Anglais. Après une longue hésitation, il renonce à les attaquer et il abandonne les assiégés. Il ne leur reste plus qu'à capituler[5].

Jean de Vienne fait dire à Edouard qu'il est prêt à se rendre. * Il demande seulement la vie sauve[6] pour les habitants. Lui et ses chevaliers seront prisonniers et le roi d'Angleterre fera d'eux ce qu'il voudra[7]. Edouard est furieux d'avoir été obligé de faire un siège de onze mois. Il répond: toute la population

---

5) **qu'à capituler:** il reste à faire… の構文に ne… que がついたもの。「〜するしか残っていない」

6) **la vie sauve:** 助命。形容詞 sauf – sauve.

7) **fera d'eux ce qu'il voudra:** 「彼らを好きにする」faire 〜 de … Mon père voudrait faire avocat de moi. 「私の父は私を弁護士にしたがっている」

sera massacrée! Les conseillers du roi essaient de calmer sa colère. Il se radoucit et décide: les six plus riches bourgeois de la ville devront lui apporter les clés de la ville et du château. Ils seront pieds-nus, tête-nue, en chemise, et porteront la
* corde au cou (pour être pendus).

Jean de Vienne réunit les habitants de Calais et leur lit le message d'Edouard III. Un grand silence suit cette lecture. Alors un riche marchand, EUSTACHE DE SAINT-PIERRE, se lève et dit qu'il est prêt à mourir pour que le peuple soit
* sauvé. Cinq autres bourgeois se lèvent à leur tour: ils acceptent de se livrer aux Anglais. La foule est émue et les remercie avec des larmes.

En chemise, pieds et tête nus, la corde au cou, les six bour- geois sortent de la ville accompagnés jusqu'à la porte par les
* habitants silencieux. "Adieu, bonnes gens, disent-ils. Priez pour nous."

Dans le camp anglais, on les attend. Le roi sort de la maison qui a été construite pour lui. Il est suivi de tous ses chevaliers. Derrière eux se trouve la reine, son épouse, qui est
* enceinte. Les six bourgeois arrivent devant le roi et se mettent à genoux. "Sire, disent-ils, nous sommes des bourgeois et de grands marchands de Calais. Nous vous apportons les clés de

---

1) **tant de mes soldats que ...:** 「我が軍のとても多くの兵士を殺 したのだから…」si ... que と同様結果を表わす。

2) **que vous ne fussiez pas...:** 接続法・半過去形。単純過去を用

la ville et du château. Nous nous soumettons à votre volonté pour sauver le reste du peuple de Calais qui a beaucoup souffert. Veuillez avoir pitié de nous."

Tous ceux qui étaient là étaient très émus de voir de si grands bourgeois dans une situation aussi dramatique. Ils admiraient aussi leur courage. Les chevaliers priaient le roi d'avoir pitié de ces hommes. Mais le roi, toujours en colère, restait dur et froid et ne disait rien. Comme on le suppliait encore, il dit: "Qu'on fasse venir le bourreau. Les gens de Calais ont fait mourir tant de mes soldats[1] qu'il faut que ceux-ci meurent aussi."

Comme tout le monde, la reine pleurait. Elle se jeta alors aux genoux du roi. "Sire, dit-elle, depuis que je suis venue d'Angleterre, je ne vous ai rien demandé. Aujourd'hui, je vous supplie d'avoir pitié de ces six hommes."

Le roi ne répondit pas tout de suite. Il regarda sa femme et son cœur s'adoucit. "Ah, madame, dit-il, j'aimerais mieux que vous ne fussiez[2] pas ici. Mais je n'ose vous refuser: je vous les donne, faites selon votre plaisir." La reine répondit: "Monseigneur, très grand merci." Elle se leva et alla vers les six bourgeois. Elle les releva, ôta les cordes de leur cou, leur fit donner des vêtements. Elle les emmena dans sa chambre et

---

いる文章の中では主節の動詞が条件法であっても，同時に起こることは接続法・半過去形を用いる。

les fit dîner. Puis elle donna à chacun six pièces d'or et les fit conduire hors du camp.

Les Anglais entrèrent dans la ville. Ils y restèrent deux cents onze ans: les Français ne la reprirent qu'en 1558. La rédition d'Eustache de Saint-Pierre et de ses cinq compagnons * est un des épisodes les plus connus de l'histoire de France. Elle a inspiré à Auguste Rodin, le grand sculpteur français, un groupe de statues qui est un chef-d'œuvre: les BOURGEOIS DE CALAIS.

LA PESTE NOIRE

Un jour de 1347, un bateau arriva à Naples, en Italie du sud. Il venait de la mer Noire. Il apportait une terrible maladie qu'on n'avait pas vue en Europe occidentale depuis plus de mille ans. C'était la peste. Personne ne se souvenait d'elle et on ne savait pas comment s'en[1] protéger. On ne put donc l'empêcher de s'étendre. Elle envahit d'abord l'Italie, puis, très vite, la France et l'Europe du nord. Partout elle semait la terreur et la mort. On pense, aujourd'hui, qu'elle a tué près de la moitié de la population. En certains endroits, ce sont les deux tiers des habitants qui disparurent!

Au Moyen Age, la médecine était encore bien peu évoluée[2]. On ne savait pas ce qui provoquait les maladies. Le roi de France, Philippe VI, réunit les plus grands médecins de Paris et leur demanda ce qu'il fallait faire. Après avoir longuement discuté, ces savants déclarèrent que la peste était causée par les astres! Trois planètes s'étaient trouvées, le 29 mars 1345, dans la même région du ciel. On appelle ce phénomène une

---

1) **s'en protéger:** se prtéger *de cette Peste*
2) **La médecine était peu évoluée:** 中世の医学はかなり呪術との関係が深く，多く宗教的迷信と結びついていた。しかもギリシアのヒポクラテス以来の医学観に縛られ，実証医学からはほど遠かっ

conjonction[3]. Cette conjonction exceptionnelle était la cause de la Peste!

Aujourd'hui, nous savons que la peste est transmise par les rats. Ces rats portent dans leur sang le virus de la peste sans être eux-mêmes malades. Mais ils ont aussi des puces. Les * puces piquent les rats puis, parfois, elles piquent les hommes. Ainsi, elles transportent le virus du rat à l'homme, puis d'un homme à un autre. L'hygiène, alors, n'était pas aussi développée que de nos jours. Les villes étaient sales. On jetait les ordures dans la rue. Les rats étaient nombreux et bien nourris. * Il y en avait autant[4] (et peut-être-plus) que d'habitants! Quant aux puces, on y était tellement habitué qu'on ne faisait même pas attention à leurs piqûres: on se grattait puis on n'y pensait plus.

On ne savait pas non plus comment soigner les malades. * D'ailleurs ils mouraient si vite que les médecins n'avaient pas le temps de faire grand chose. Dans les villes, on allumait de grands feux et on y brûlait des herbes parfumées. On se lavait avec du vinaigre. Mais surtout on s'éloignait des malades. On fuyait n'importe où, dans la campagne, dans la forêt. Les gens * devenaient de vrais sauvages. Ils tuaient pour se défendre,

---

た。
3) **une conjonction:** 星の位置が合致すること。
4) **il y en avait autant que :** autant de ... que 〜 〜と同じ数の…。

pour empêcher d'autres gens d'approcher de leur refuge. Quand il y avait des malades dans une maison, on faisait clouer des planches sur les portes et les fenêtres, pour que personne ne puisse sortir. On laissait juste un petit trou pour

* passer de la nourriture.

Les hôpitaux étaient pleins. Il y avait parfois quatre personnes dans chaque lit, et d'autres entre les lits, par terre. On n'avait pas le temps d'enterrer les cadavres: on les jetait par la fenêtre. Des hommes charitables les ramassaient avec des

* crochets de fer puis allaient les jeter dans de grandes fosses, hors de la ville.

Comme il arrivait[1] très souvent alors, on accusa les Juifs d'être les responsables de la peste. Ils mouraient autant que les chrétiens, mais l'opinion publique est aveugle: elle est

* toujours prête à croire des choses absurdes pour se rassurer. Dans de nombreuses villes, on brûla des Juifs innocents. Des chrétiens pensèrent que Dieu était en colère et qu'il fallait l'apaiser. Les prières ne suffisaient pas, il fallait aussi souffrir volontairement pour l'attendrir. On vit apparaître des flagel-

* lants, des hommes qui se fouettaient eux-mêmes jusqu'au sang avec des lanières de cuir garnies de pointes de fer. D'autres disaient que, puisqu'ils allaient mourir, ils voulaient profiter du peu de temps qui leur restait: les hommes et les femmes se

---

1) **il arrivait. . . :** il は非人称主語。

livraient alors à la débauche partout, dans les rues même!

Bien sûr, personne ne travaillait plus. Dans les campagnes, les paysans ne labouraient plus, ne semaient plus, ne récoltaient plus. Aussi la peste fut-elle suivie d'une terrible famine. En 1349, pendant l'hiver, les loups affamés entrèrent dans les * villages, tuant ceux qui ne pouvaient se défendre. On vit même des hommes et des femmes enlever des enfants pour les manger!

Peu à peu, cependant, l'épidémie s'apaisa. La maladie ne disparut pas entièrement, elle revint pendant plus d'un siècle * dans certains endroits. Mais heureusement, elle ne s'étendait pas sur tout le pays comme en 1348. Cette année-là, en quelques mois, elle avait fait plus de victimes que toute la guerre de Cent Ans.

POITIERS

Le roi Philippe VI était mort en 1350. Son fils lui succéda sous le nom de Jean II. Dix ans exactement après la défaite de Crécy, il connut un désastre plus grand encore à Poitiers.

Au mois de juillet 1356, les Anglais lancent deux armées
* contre le roi de France. La première, au nord, commandée par le duc de Lancastre, envahit la Normandie. La deuxième, qui part de Bordeaux, est commandée par le fils aîné du roi d'Angleterre. Le Prince de Galles[1] s'appelle Edouard, comme son père. Mais tout le monde l'appelle le "Prince Noir", à
* cause de la couleur de son armure. C'est un très grand général.

Le Prince Noir avance vers le nord, à la rencontre du duc de Lancastre. Si les deux armées arrivent à se rejoindre, tout l'ouest de la France sera aux mains des Anglais. Au mois de septembre, il atteint la Loire. Il apprend alors que le roi de
* France vient à sa rencontre avec une armée deux fois plus nombreuse que l'armée anglaise. Il pense qu'il est plus prudent de revenir vers Bordeaux. Il fait donc demi-tour. Le roi Jean

---

1) **le prince de Galles:** Prince of Wales アングロサクソン系の w がフランス語で g になっていることに注意。war—guerre, William—Guillaume

2) **dauphin:** 王太子。

accélère alors sa marche pour lui couper la route. Les deux armées arrivent ensemble près de POITIERS. Le Prince Noir sait qu'il ne pourra éviter la bataille. Il choisit alors soigneusement son terrain pour attendre les Français.

Jean II divise son armée en trois parties. La première est * commandée par son fils aîné, Charles. En France, le fils aîné du roi porte le titre de dauphin[2]. Charles n'a que dix-neuf ans. Le deuxième corps d'armée[3] est commandé par le duc d'Orléans, frère du roi: il a vingt ans; le troisième est sous les ordres du roi lui-même, qui est entouré de ses trois autres fils: * Louis, Jean et Philippe. Louis a dix-sept ans, Jean seize et Philippe quatorze!

Les Français ont déjà oublié la leçon de Crécy. Ils vont se battre sans avoir rien prévu[4], rien préparé. Ils sont plus nombreux que les Anglais, ils ont de solides armures, leurs * chevaliers sont courageux et habiles à manier l'épée. Ils se croient les plus forts!

C'est le 19 septembre, le soleil vient de se lever. Sûr de sa victoire, le roi de France donne au Dauphin l'ordre d'attaquer. Les soldats de Charles se précipitent vers les Anglais. Mais le * Prince Noir a caché ses archers derrière les haies. Au moment

---

3) **corp d'armée:** 軍団。
4) **sans avoir rien prévu:** 「戦いの前に予測（prévoir）していなかった」という意味で不定法複合形になっている。

où les Français s'élancent, les archers lâchent des milliers de flèches, et l'avant-garde française ne peut aller plus loin. Le roi de France lance alors le corps d'armée du duc d'Orléans. A leur tour, les chevaliers sont accueillis par une pluie de
* flèches. Ils se bousculent, tombent de leur cheval. Leur lourde armure les empêche de marcher. Ils reculent comme ils peuvent, et leurs chefs sont incapables de les empêcher de reculer.

Alors le roi Jean se lance lui-même à l'assaut. Il porte à son
* doigt un anneau enchanté: on dit que celui qui porte cet anneau dans une bataille est sûr de la victoire. Hélas! pendant le combat, le roi perd son anneau magique! Cependant, il a réussi à franchir la ligne des archers anglais et il se trouve maintenant au milieu des ennemis. Il ne reste plus autour de
* lui que quelques chevaliers et son plus jeune fils, Philippe. Il pourrait[1] essayer de fuir, mais il est le roi, et un roi ne fuit pas! Il sera tué ou fait prisonnier, mais il ne reculera pas.

Il est descendu de cheval et il s'est adossé à un arbre. Armé d'une lourde épée, il se bat de toutes forces. Son fils est à côté
* de lui. Mais il est si jeune qu'il n'a pas encore la force de soulever une arme. Pour aider son père, il ne peut faire autre chose que le prévenir: "Père, gardez-vous à droite; Père,

---

1) **il pourrait essayer de fuir:** s'il voulait 「彼が欲するならば」という仮定の表現が文意にあり，それゆえに条件法・現在形になっている。

gardez-vous à gauche!" Mais le roi finit par succomber sous le nombre. Il se rend et remet son épée à un chevalier anglais. Tous les autres chevaliers français sont morts ou blessés. Le dauphin Charles a pu échapper aux Anglais et il remonte vers Paris. Le roi de France, prisonnier, est emmené à Bordeaux * puis en Angleterre.

Le "diamant enchanté" perdu par Jean II sur le champ de bataille fut ramassé par un soldat. Il fut vendu en Italie au seigneur de Milan. Quatre ans plus tard, le grand poète italien PETRARQUE, envoyé par le seigneur de Milan à Paris, le * rendit au roi de France.

Quant au jeune prince Philippe, il gagna à Poitiers le surnom de Philippe le Hardi[2], c'est-à-dire le courageux. Sept ans plus tard, il deviendra le duc Philippe de Bourgogne.

---

2) **Philippe le Hardi:** フィリップ勇胆公。王の名と同様貴族の名にも，しばしば le ＋ 形容詞であだ名がつけられた。

LE GRAND FERRE

Les rois de France ne deviennent véritablement rois que lorsqu'ils ont été sacrés[1]. Le sacre est une cérémonie religieuse au cours de laquelle un évêque de l'Eglise catholique frotte le front et les mains du roi avec une huile sainte. Cette huile est conservée dans l'abbaye St-Rémy de REIMS, et c'est dans la cathédrale de Reims que le sacre doit avoir lieu.

En juillet 1359, le roi d'Angleterre, Edouard III, qui prétend être le vrai roi de France, décide d'aller à Reims pour se faire sacrer. Il part de Calais et doit traverser tout le nord de la France. Tout le long de la route, les Anglais trouvent devant eux des châteaux bien défendus par les Français. Il faut prendre ces châteaux un par un pour pouvoir continuer vers Reims.

La résistance contre les Anglais n'était pas faite seulement par les soldats. Les paysans aussi se battaient pour empêcher l'ennemi d'avancer. Près de Compiègne (la ville où, soixante-dix ans plus tard, Jeanne d'Arc sera faite prisonnière), se trouve le château de Longueil. Il a des portes solides et de fortes murailles. Deux cents paysans demandent au seigneur

---

1) **sacrés:** 即位にあたって聖なる式を行なうこと。その式を sacre と呼ぶ。

de Longueil la permission de s'enfermer avec lui dans le château pour l'aider à se défendre. Le seigneur, qui n'a que quelques soldats commandés par un capitaine, les laisse entrer.

Les Anglais arrivent devant la forteresse. Les hommes d'Edouard III, qui sont des soldats de métier, rient de voir en *
face d'eux des paysans sans expérience de la guerre. Ils pensent qu'ils n'auront aucun mal à prendre le château. Leur chef donne le signal de l'assaut.

Dès le début de l'attaque, le capitaine français est tué. Les Anglais se réjouissent: les occupants du château n'ont plus de *
vrai chef. Ils ne pourront pas résister longtemps. Ils devront se rendre ou mourir. Mais les paysans sont courageux et ils détestent les Anglais. Ils sortent par de petites portes et, armés de haches, de lourds marteaux, de fourches, ils s'avancent contre l'ennemi. Ils frappent de toutes leurs forces sur les *
têtes des soldats anglais, comme s'ils battaient le blé! Ils plantent leurs fourches dans le ventre des ennemis comme s'ils remuaient du foin. Ils en tuent un grand nombre.

L'un de ces paysans, qui s'appelait Ferré, était plus grand et plus fort que tous les autres. Il avait les épaules larges, des *
mains énormes. Quand il était au milieu des paysans et des soldats, il les dépassait tous[2] de la tête et des épaules. Il tenait

---

2) **tous:** すべての。先行する代名詞 les にかかる。

35

une grande hache et chaque fois qu'il tapait sur une tête, le casque de fer du soldat éclatait, et la tête était fendue comme une bûche de bois. Quand il frappait sur un bras, le bras était coupé comme une branche d'arbre. A lui seul, il tua plus de quarante Anglais.

Bientôt, il ne resta plus rien de la petite troupe anglaise qui avait attaqué le château de Longueil. La plupart des soldats étaient morts ou blessés. Ceux qui restaient s'enfuirent et les paysans rentrèrent dans le château où ils fêtèrent leur victoire.

Le lendemain, les Anglais revinrent, plus nombreux. Les paysans, qui avaient pris Ferré comme chef, ne furent pas effrayés. Leur succès de la veille leur donnait encore plus de force et de courage. Ils sortirent de nouveau dans la plaine et, de nouveau, ils battirent les Anglais. Plusieurs fois les soldats d'Edouard essayèrent de prendre le château, mais toujours les paysans les en empêchaient: dès qu'ils voyaient apparaître le grand Ferré et sa terrible hache, les Anglais les plus braves se mettaient à trembler et ils s'enfuyaient en courant!

Mais on était au mois de juillet et il faisait très chaud. Après un violent combat, Ferré, encore tout en sueur, but une grande quantité d'eau fraîche. Le soir, il eut une forte fièvre, et il fut obligé de se coucher. Le lendemain, les Anglais ayant appris qu'il était malade, tentèrent un nouvel assaut. Mais Ferré se leva, saisit sa hache, et se lança en chemise contre ses ennemis.

36

Il en tua cinq et mit les autres en fuite, puis il se recoucha.

Il mourut quelques jours plus tard et les Anglais purent enfin prendre le château de Longueil.

LES GRANDES COMPAGNIES

La guerre de Cent ans est une des périodes les plus sombres de l'histoire de la France. Comme si les malheurs de la guerre ne suffisaient pas, le pays avait connu après la défaite de Crécy les horreurs de la Peste noire: après le désastre de Poitiers, il subit, pendant dix ans, les terribles Grandes Compagnies.

Le roi Jean II est prisonnier à Londres. A Paris, son fils aîné, le dauphin Charles gouverne à sa place. Il n'a que dix-huit ans, mais c'est un prince intelligent, courageux, plus habile que son père.

En attendant qu'un traité de paix soit signé, la guerre est interrompue. La plupart des chevaliers Français et Anglais sont rentrés chez eux. Mais les mercenaires étrangers sont restés dans les provinces françaises. Comme ils ne sont plus occupés à se battre et que[1] le roi (de France ou d'Angleterre) ne les paie plus, ils deviennent brigands. Ce sont des hommes de tout âge et de toutes nationalités: des Gascons, des Espagnols, des Italiens, des Hollandais, des Allemands. Ils se groupent en bandes, attaquent et prennent des châteaux dans

---

1) **que:** 接続詞 comme, quand, lors que などを繰り返すとき第 2 の接続詞は que になる。

2) **rançon:** 「身代金」

lesquels ils s'installent. Parfois, le seigneur se met lui-même à leur tête. Ainsi, par exemple, le maréchal en chef anglais comte de Warwick qui, au lieu de rentrer en Angleterre, est devenu chef de brigands!

Ces brigands, qu'on appelle les ROUTIERS, parcourent * les campagnes, pillent les fermes et les villages. Ils volent les bêtes, les récoltes, les objets d'art dans les châteaux. Ils tuent les paysans, violent les femmes. Ils ne respectent rien ni personne, pas même Dieu: ils pillent les églises et les monastères. Un jour, ils enlèvent l'évêque de Noyon et le vendent au * roi d'Angleterre! Ils font des prisonniers et réclament des rançons[2] aux familles. Si la famille ne peut pas payer, on casse les dents du prisonnier, on lui crève les yeux, on lui coupe la langue, puis on l'attache à la queue d'un cheval. Bientôt ces bandes s'organisent, comme de véritables petites armées. On * y trouve tout ce qui accompagne une armée régulière: des artisans, des bouchers, des boulangers, des blanchisseuses, des couturières, des chirurgiens, des comptables. Certaines ont même des aumôniers[3], c'est-à-dire des prêtres chargés du service religieux! Chaque routier traîne derrière lui au moins * une femme, et parfois des enfants.

Les Compagnies deviennent de plus en plus puissantes.

---

3) **aumônier:** 「従軍司祭」（＝aumônier militarie）軍に属し，兵隊たちの指導にあたり，軍隊内の儀式を司る。

Les chefs vendent le produit de leurs pillages, achètent légalement des terres. Ils s'attaquent même aux villes. Ils sont à peu près les maîtres du pays. Le Régent lui-même ne peut pas circuler librement autour de Paris et il est obligé de traiter[1]

* avec les brigands! Il charge DUGUESCLIN de lutter contre les Grandes Compagnies. Mais Duguesclin ne peut être partout à la fois. Il arrive à peu près à nettoyer la Normandie, mais les routiers continuent à piller d'autres provinces. En 1365, il propose à tous les chefs de bandes de le suivre en Espagne, où

* le roi d'Aragon est en guerre contre le roi de Castille. Le roi d'Aragon est un allié de la France, le roi de Castille un allié de l'Angleterre. Les chefs acceptent. L'Aragon est vainqueur. Les Grandes Compagnies reviennent en France et recommencent leurs pillages. Mais pendant leur absence, le roi Jean

* est mort en Angleterre, en 1364. Le Régent est devenu le roi CHARLES V. Il a commencé à relever la France, à reconstruire les châteaux-forts, à fortifier les villes. Les routiers commencent à être fatigués, malades. Les paysans et les citadins (habitants des villes) savent mieux s'organiser pour

* leur résister. Peu à peu, les Grandes Compagnies disparaissent. Mais pendant dix ans, elles avaient ravagé le pays plus que la guerre elle-même.

---

1) **traiter avec:** 「〜と交渉する，和議を結ぶ」

40

BERTRAND DUGUESCLIN

Le nouveau roi, CHARLES V, règnera pendant seize ans. Mais quand il arrive sur le trône, il a déjà une grande expérience du pouvoir. En effet, il a gouverné la France pendant huit ans à la place de son père, prisonnier en Angleterre. Grâce à son habileté et à sa sagesse, la France, épuisée par les désastres *
des premières années de la guerre de Cent ans, puis par les misères de la Peste noire, par les pillages des Grandes Compagnies, va se redresser et redevenir la première nation d'Europe.

Charles V a été appelé "le Sage", c'est-à-dire le Savant. Il *
réorganise le royaume: le Parlement, les finances, les Eaux et Forêts, la police de Paris. Il construit le Louvre, la Bastille, crée la Bibliothèque Nationale (aujourd'hui une des plus grandes bibliothèques du monde). Il continue la guerre contre les Anglais, arrête des révoltes paysannes, fortifie les villes et *
les châteaux, combat les Grandes Compagnies. C'est un politique[1] habile, qui sait s'entourer d'hommes compétents. En particulier, il choisit comme Connétable, c'est-à-dire comme chef des armées, un homme qui est un des person-

---

2) **un politique:** 「政治家」 la politique 「政治，政治学」

nages les plus célèbres de l'histoire de France: Bertrand
DUGUESCLIN.

*

* *

Bertrand Duguesclin est né vers 1320 dans une famille
bretonne, noble mais pauvre. Il était l'aîné de dix enfants:
* quatre garçons et six filles. Il était très laid. Si laid que[1] ses
parents refusèrent de le considérer comme leur fils! Ils le
battaient, le faisaient manger seul à une table. A neuf ans, ils
le mirent à l'école, pour se débarrasser de lui. Il y apprit à lire
et à écrire, mais surtout à se battre. Il divisait ses camarades
* en petites armées et organisait des batailles. C'était toujours
l'armée qu'il commandait qui était victorieuse.

A dix-sept ans, il alla chez un de ses oncles, qui habitait
Rennes, la capitale de la Bretagne. Il y eut des fêtes, et des
tournois furent organisés. Les tournois étaient un jeu de
* seigneurs: de jeunes nobles montés sur de magnifiques chevaux
et armés comme pour la bataille, luttaient un contre un avec
une grande lance de bois. Bertrand emprunta secrètement
une lance et un cheval et il se présenta pour combattre. Les
combattants portaient, comme à la guerre, un casque com-

---

1) **Si laid que:** 前の文章を受けて接続詞の役割を果している。Si
bien que のように De sorte que「その結果…」と同じような接続

plètement fermé: on ne pouvait pas voir leur visage. Personne ne reconnut le jeune Duguesclin. Pas même son père, qui se trouvait parmi ceux qui participaient au tournoi. Un premier chevalier se présenta devant Bertrand. Chacun se rendit à une extrémité de la piste où se déroulait le combat. Au signal du $*$ président du tournoi, ils se précipitèrent l'un vers l'autre. Bertrand pointe sa lance sur la poitrine de son adversaire. La lance frappe le cavalier qui est renversé avec son cheval. La foule applaudit. Un autre combattant se présente: il est vaincu comme le premier. Bertrand en renversa seize sans jamais être $*$ battu. Il ne refusa qu'un adversaire: c'était son père!

Tout le monde se demandait qui était ce jeune homme si habile. Après sa seizième victoire, comme personne n'osait plus se battre contre lui, il retira son casque. Son père le reconnut, l'embrassa et promit de tout faire pour lui permettre $*$ de devenir un grand soldat. Il lui achèta un cheval, des armes, et le fit entrer dans l'armée du duc de Bretagne, qui était un allié du roi de France.

Malgré sa laideur (mais grâce à son courage), Bertrand séduit une jeune bretonne célèbre pour sa beauté. Elle s'ap- $*$ pelle Tiphaine. Il l'épouse. En 1357, il est fait chevalier[2] et il entre au service du roi de France. En 1364, il commande une

---

詞として文頭に用いられるものもある。

2) **Il est fait chevalier:** faire ＋名詞＋名詞…を～に任命する。

armée en Normandie. Le 16 mai, il se trouve devant l'armée anglaise qui avance vers Rouen. Duguesclin et ses hommes vont essayer de l'arrêter. Comme à Crécy et à Poitiers, les Anglais s'installent sur une colline et attendent. Les Français

* sont dans la vallée. S'ils attaquent, les archers anglais vont les massacrer, comme à Crécy et à Poitiers. Mais Duguesclin n'attaque pas: il fait ranger ses troupes pour la bataille, puis il attend lui aussi. Au bout de deux jours, la bataille n'a pas commencé. Les Anglais ne s'impatientent pas: ils sont sûrs de

* vaincre! Le troisième jour, Duguesclin donne à son armée l'ordre de battre en retraite, c'est-à-dire de repartir sans combattre. Il abandonne le terrain aux Anglais! Mais ceux-ci ne veulent pas laisser les Français leur échapper[1]. La cavalerie anglaise se lance à leur poursuite. Quand elle arrive dans la

* plaine, les Français se retournent et attaquent. Cette fois, ce sont les Anglais qui sont surpris! La bataille est terrible. Mais à la fin de la journée, le chef anglais se rend à Duguesclin. C'est la victoire de COCHEREL, la première victoire française depuis le début de la guerre.

* Quand Duguesclin commande, les Français sont vainqueurs. Mais il ne commande pas toujours. Quelques mois après Cocherel, il participe à la bataille d'Auray, en Bretagne.

---

1) **laisser les Français leur échapper:** laisser ＋ 名 詞 ＋ 動 詞
（laisser son fils s'amuser）の構文で échapper の間接目的語が代

44

C'est le duc de Bretagne qui commande l'armée. Il est vaincu et Duguesclin est fait prisonnier. Le roi est obligé de payer sa rançon.

Un jour de 1370, Duguesclin est appelé à Paris. Devant les grands seigneurs du royaume, Charles V le nomme Connéta- *
ble. Duguesclin proteste: "Sire, je ne suis pas digne d'être le chef de vos armées. Je ne suis qu'un petit capitaine. Il y a autour de vous de grands seigneurs bien plus dignes que moi de cet honneur."

— Inutile de protester, dit le roi, le Grand Conseil en a *
décidé[2] ainsi.

— Sire, je n'ose pas vous refuser, mais la charge de connétable est si haute, si noble… Comment pourrai-je commander à des princes, vos frères et vos neveux? Je vous en prie, donnez cette charge à un homme plus digne que moi.   *

Le roi répond:

— Mes frères, mes neveux, mes cousins, tous les comtes et les barons du royaume sont prêts à vous obéir. Et s'ils ne vous obéissaient pas, je les en punirais. Je vous prie donc d'accepter cette charge avec joie.   *

Duguesclin dut se rendre à la volonté du roi.

　　名詞として échapper の前に来ている。
2) **en a décidé:** décider *de cela*「それを決める」

45

*

* *

Pendant dix ans encore, Duguesclin se battit au nom du roi et remporta de nombreuses victoires. Il chassa les Anglais du Poitou, de la Guyenne, de la Normandie. Il fut admiré et aimé de tout le peuple français. En 1380, à Châteauneuf-de-Randon, en Auvergne, il fut très gravement blessé au cours d'un combat. Il demanda que l'on apportât[1] son épée sur son lit. "J'ai employé cette épée du mieux que j'ai pu[2], dit-il. D'autres auraient pu faire mieux que moi. Je regrette seulement de n'avoir pu chasser complètement les Anglais du royaume. Un autre plus digne que moi le fera. Rendez cette épée au roi. Dites-lui ma reconnaissance pour ses bienfaits et mes regrets des fautes que j'ai commises à son service. Elles n'ont jamais été volontaires".

Il mourut le 13 juillet. Deux mois plus tard, Charles V mourait à son tour. Les Anglais ne possédaient plus en France que trois villes: Bayonne, Bordeaux et Calais.

---

1) **apportât:** 接続法・半過去形。
2) **du mieux que j'ai pu:** 「私として出来るかぎり」

CHARLES VI LE FOU

L'héritier du trône, CHARLES VI, n'avait que douze ans. Le pouvoir fut assuré par ses oncles, les ducs d'Anjou, de Berry et de Bourgogne. En quelques années, ces trois princes détruisirent l'œuvre de Charles V. Ils se disputèrent pour être seul maître, dépensèrent en fêtes tout l'argent du trésor royal. * En 1388, Charles VI les renvoya. Il fit de sages réformes. Le peuple de France lui donna le surnom de "Charles le Bien-Aimé". Malheureusement ce nouveau bonheur ne dura que quatre ans.

Pendant l'été de 1392, le roi eut une grave maladie. Peu * après sa guérison, il alla se promener, suivi de quelques soldats, dans la forêt du Mans, en Anjou. Il faisait très chaud. Dans cette forêt, il y avait une léproserie, c'est-à-dire une sorte d'hôpital où on soignait les lépreux. Au Moyen Age, on craignait la lèpre presque autant que la peste. Tout à coup, un * lépreux se précipita devant le roi, saisit la bride de son cheval et s'écria: "Ne va pas plus loin, noble roi, car on t'a trahi". Les soldats de l'escorte essaient de le chasser, mais pendant une demi-heure, il répète son avertissement. Charles VI est très effrayé. Enfin on éloigne le lépreux et la petite troupe * peut reprendre sa route.

Près du roi, un page porte sa lance. Fatigué sans doute par la chaleur, le page s'endort sur son cheval et laisse tomber la lance royale. En tombant, la lance heurte une armure. Le roi
* sursaute, tire son épée et tue le soldat qui se tient à ses côtés. Puis il se précipite sur son escorte en criant: "On veut me livrer à mes ennemis". Il tue quatre hommes avant que[1] son épée se brise. On l'entoure, on l'attache sur un chariot, on le ramène au Mans. Quand sa crise de folie s'arrête, il est déses-
* péré et demande pardon à Dieu.

Un peu plus tard, à Paris, il y a un grand bal à la Cour. La grande mode, c'est de se déguiser. Pour ce bal, le roi et cinq grands seigneurs devaient danser habillés en sauvages. Quand ils entrent dans la grande salle du palais, tout le monde
* applaudit et s'approche pour mieux voir. Le duc d'Orléans prend sur le mur une torche allumée, pour éclairer le groupe de danseurs. Les habits du roi et de ses compagnons prennent feu. La duchesse de Berry jette vite un manteau sur Charles VI, qui est sauvé. Mais les cinq autres seigneurs meurent dans
* les flammes. Le roi a une nouvelle crise de folie.

A partir de ce moment et jusqu'à sa mort, en 1422, Charles VI traversera des périodes de calme et des périodes de folie. Quand il est calme, il gouverne avec l'aide de son jeune frère,

---

1) **avant que:** 「…の前に」que 以下の節の動詞は接続法。

Louis d'Orléans. Quand il est fou, c'est son oncle, Philippe de Bourgogne qui prend le pouvoir. Et chaque fois que l'un prend la place de l'autre, il défait ce que le précédent a fait !

Pendant quelques années, la guerre avec l'Angleterre s'est calmée. Le roi Edouard III est mort en 1377. Son fils, le Prince * Noir, était mort avant lui. C'est donc le petit-fils d'Edouard qui prend la couronne sous le nom de RICHARD II. Richard II a de très gros problèmes dans son pays, c'est pourquoi il essaie de rétablir la paix avec la France. Mais cette politique ne plaît pas aux Anglais, et, en 1399, il doit laisser la place à * son cousin, Henri de Lancastre, qui devient HENRY IV. La guerre va reprendre au moment où commence en France une terrible lutte entre les partisans du duc d'Orléans et ceux du duc de Bourgogne.

ARMAGNACS ET BOURGUIGNONS

Il arrive souvent, dans les familles royales, que des frères deviennent ennemis. Le roi Jean II avait donné à son dernier fils, Philippe, la grande province de Bourgogne. C'est ce fils qui était près de son père à la bataille de Poitiers et qui lui disait "Père, gardez-vous à droite! Père, gardez-vous à gauche!" Il fut "régent" du royaume avec ses deux frères pendant la minorité[1], de Charles VI, puis tout seul pendant les périodes de folie du roi. Il avait épousé une fille du comte de Flandre, et, grâce à ce mariage, il avait hérité de cette riche province du nord. Il était devenu un prince très puissant. Il était orgueilleux et jaloux. Jaloux surtout de son neveu Louis d'Orléans, le jeune frère du roi. Mais c'est son fils, Jean, devenu duc de Bourgogne en 1404, à la mort de Philippe, qui va amener la France tout près de la ruine.

Jean est un prince courageux. Par sa bravoure au cours d'une bataille, il a gagné le surnom de JEAN SANS PEUR. Il est encore plus orgueilleux, plus ambitieux, plus jaloux que son père! Il était aussi brutal et sans scrupules. Quand les intérêts de la France sont différents de ceux de la Bourgogne,

---

1) **minorité:** 未成年期 ↔ majorité.

il choisit toujours la Bourgogne. Comme son père, il est l'ennemi de Louis d'Orléans. Mais il ne se borne pas à lutter politiquement contre lui. Il crée une armée bourguignonne et il n'hésite pas à marcher sur Paris.

Le vieux duc de Berry, son oncle, réussit à l'empêcher de * se battre, et Jean fait semblant de se réconcilier avec son ennemi. Mais le soir du 23 novembre 1407, Louis d'Orléans est assassiné alors qu'il vient de rendre visite à la reine.

Jean sans Peur est accusé en plein conseil du roi[2] d'être l'assain de Louis d'Orléans. Il a juste le temps de s'enfuir à * Dijon avant d'être arrêté. Alors deux partis se forment. D'un côté, il y a le duc de Bourgogne, ses frères, son fils, tous ses cousins et les seigneurs de Bourgogne et de Flandre: c'est le parti des BOURGUIGNONS. De l'autre côté, Charles d'Orléans, fils du duc assassiné, ses oncles, les ducs de Berry * et de Bourbon, le duc de Bretagne. Le chef de ce parti est un grand seigneur du midi, le comte Bernard d'Armagnac, beau-père de Charles d'Orléans: le parti des "orléanistes" prend le nom de parti des ARMAGNACS. La France est coupée en deux: L'Est et le Nord, se battent contre l'Ouest et le Midi. * Au milieu, le pauvre roi fou ne peut rien faire. Le dauphin est trop jeune (il a treize ans). La reine, ISABEAU DE BAVIERE, ne pense qu'au luxe et au plaisir. Elle est tantôt du côté des

---

2) **en plein conseil du roi:** 「王のご前会議の最中に」

Armagnacs, tantôt du côté des Bourguignons, selon son intérêt.

Le peuple de France est aussi divisé que les grands seigneurs. A Caen, les "Bourguignons" brûlent les maisons des "Armagnacs". Ailleurs, ce sont des Armagnacs qui massacrent des Bourguignons. En 1412, plus de vingt mille personnes sont tuées dans tout le royaume.

Les deux partis dominent tour à tour. Tour à tour, ils occupent Paris. Chaque fois ce sont de nouveaux massacres: en 1415, les Bourguignons, entrant dans la capitale, exécutent dix mille Armagnacs. Les uns et les autres n'hésitent pas à s'allier aux ennemis de la France. En 1411, Jean sans Peur propose au roi d'Angleterre de donner sa fille en mariage au Prince de Galles. Plus tard, ce sont les Armagnacs qui promettent aux Anglais de leur donner des villes françaises. Le duc de Berry, qui n'a pas d'enfant, s'engage à leur laisser son duché à sa mort!

Bien entendu, les Anglais profitent des désordres de la France. En 1413, HENRY V a succédé à Henry IV. C'est un jeune prince énergique et ambitieux. Comme son arrière-grand-père, Edouard III, il pense qu'il est le véritable héritier de la couronne de France. Appelé secrètement par Jean sans Peur, il débarque avec son armée en Normandie le 13 août 1415.

Pendant l'été et l'automne, les Anglais avancèrent en Normandie. Au mois d'octobre, comme le mauvais temps allait revenir, Henry V décida de rentrer en Angleterre: il reprendrait la guerre au printemps suivant. Il remonta donc vers Calais pour rembarquer son armée. Le duc de Bourgogne *
n'avait pas bougé de Dijon. Mais devant l'invasion étrangère, la noblesse française avait tout entière rejoint le roi de France. Une magnifique armée se forme. Elle va essayer de couper aux Anglais la route de Calais, comme en 1346. La rencontre a lieu à AZINCOURT, (Azincourt n'est pas très loin de Crécy). *
Le 25 octobre, la bataille s'engage. Les Anglais attaquent les Français partout à la fois. Comme à Crécy, il a plu, et la cavalerie française, incapable de manœuvrer dans la boue, est détruite par les archers anglais. Au soir de la bataille, les Français ont perdu quarante mille morts. Parmi eux, quelques *
uns des plus grands seigneurs du royaume, dont les deux frères de Jean sans Peur. Henry V fait tuer tous les soldats prisonniers, mais il emmène les seigneurs qui pourront payer une rançon: Charles d'Orléans restera à Londres plus de vingt-cinq ans! Les Anglais n'ont perdu que trente soldats et *
deux chevaliers. Après Crécy et Poitiers, Azincourt est la troisième grande bataille de la guerre de Cent ans. C'est le troisième désastre français.

*

* *

Après cette défaite, il semble bien que[1] la France soit
définitivement perdue. La guerre civile des Armagnacs et des
Bourguignons reprend. Ce sont d'abord les Armagnacs qui
tiennent Paris. Mais le 29 mai 1418, une trahison permet aux
* Bourguignons d'entrer dans la ville. Des milliers d'habitants
sont égorgés dans leurs maisons, dans les rues, dans les
prisons. Au mois d'octobre, le jeune dauphin, Charles, devient
"régent". Il n'a que quinze ans. Il s'installe à Bourges. Son
père, de plus en plus fou, est, en fait, prisonnier du duc de
* Bourgogne, à Paris. En 1419, Jean sans Peur fait semblant de
vouloir se réconcilier avec le dauphin. Les deux hommes
décident de se rencontrer à Montereau pour signer un accord.
Mais au moment de l'entrevue, Jean sans Peur est assassiné.

Son fils Philippe, devenu duc de Bourgogne, jure de le
* venger. Il parvient à convaincre Charles VI, et surtout la reine
Isabeau de Bavière, de s'allier avec les Anglais. Le 20 mai
1420, Charles VI signe avec Henry V le traité de TROYES.
Par ce traité, il donne sa fille Catherine en mariage au roi
d'Angleterre, et déclare qu'à sa mort Henry V lui succédera
sur le trône de France. Dans ce même traité, Charles est

---

1) **il semble bien que:** bien は強め。「まったく〜に思える」
　　que の後の従属節内の動詞は接続法になる。

appelé le "soi-disant dauphin": la reine laisse supposer que son fils n'est pas le fils de Charles VI. Il est vrai qu'au moment de sa naissance, en 1403, on disait qu'il était le fils de Louis d'Orléans, le frère du roi!

Il semblait bien que la guerre fût terminée par la victoire * totale de l'Angleterre. Le 31 août 1422, Henry V mourut. Il n'avait que trente-cinq ans. Son fils, qui devenait HENRY VI, était un bébé de dix mois. Moins de deux mois plus tard, le 21 octobre, le malheureux Charles VI mourait à son tour. Il fut enterré, comme tous les rois de France, dans l'abbaye de * Saint-Denis. A la fin de la cérémonie, selon la coutume, un héraut d'arme[2] proclama son successeur: "Que Dieu donne longue vie à Henry, par la grâce de Dieu roi de France et d'Angleterre".

Le rêve d'Edouard III était réalisé.   *

---

2) **un héraut d'arme:** 「伝令官」。王命の通達，正式な宣言，式典の挙行などを任務とした。

LE ROI DE BOURGES

Pendant qu'à Saint-Denis le héraut d'armes proclamait Henri VI "roi de France et d'Angleterre", à Bourges, le "soi-disant dauphin" se proclamait aussi roi et prenait le nom de CHARLES VII. Mais Charles VII avait perdu la moitié de son royaume. Les Anglais étaient les maîtres de tous les pays au nord de la Loire, et, au sud, de la Guyenne. A Paris, le Parlement, c'est-à-dire les hommes de loi, et l'Université, c'est-à-dire l'Eglise, acceptaient Henry VI et rejetaient Charles VII. Par moquerie, on l'appelait "le roi de Bourges".

Mais le roi de Bourges n'était pas tout à fait seul. Dans la moitié méridionale de la France, tout le peuple lui était fidèle. Il le soutenait, l'aidait, et acceptait volontiers les impôts qu'il lui demandait. Un sentiment nouveau commençait à naître: le patriotisme.

Auparavant, le paysan ne connaissait que le petit morceau de terre sur lequel il travaillait; le citadin ne connaissait que la ville dans laquelle il vivait. Les uns et les autres savaient bien qu'il y avait un roi à Paris; ils le respectaient parce que ce roi était le "représentant de Dieu". Mais l'habitant de la

---

1) **même pays que:** que 〜と同じ国。
2) **quand il lui plairait. . . :** il は非人称主語。plairait は時制の一

Normandie ne sentait pas qu'il vivait dans le même pays[1] que celui du Poitou ou du Languedoc. Le roi s'appelait "roi de France", mais le mot France était un mot qui n'avait pas beaucoup de sens pour les gens du peuple.

La guerre contre les Anglais avait commencé à faire naître * une idée de patrie chez les nobles. A Crécy, à Poitiers, à Azincourt surtout, ils avaient compris qu'il ne s'agissait pas seulement de servir un roi: il fallait aussi défendre un territoire. Des hommes qui s'entre-tuaient comme Armagnacs et Bourguignons, s'étaient rassemblés contre l'envahisseur anglais. * Maintenant, devant l'occupation de la moitié de la France par des étrangers, le peuple devine qu'il y a un pays à défendre et qu'une partie de ce pays doit être reconquise.

Dans les régions occupées, on s'aperçoit que beaucoup de choses ont changé, depuis l'arrivée des Anglais: on se sent * moins libre. Alors une résistance commence à s'organiser. Des habitants importants de villes normandes réussissent à aller à Bourges et disent au roi que "quand il lui plairait[2] de revenir en Normandie, il serait bien reçu, et que les Normands lui rendraient leur obéissance". A Reims, un homme condamné * par les Anglais, s'écrie: "Jamais un Anglais ne fut roi de France, et jamais un Anglais ne le sera".

致による（disent は現在形ではあるけれど）条件法・現在形。未来形に直して考えるとわかりやすいであろう。

Grâce à l'argent qu'il reçoit de ses sujets, Charles VII peut former une armée. En 1423, il s'avance vers Paris. Il remporte d'abord des succès, prend des villes importantes comme Compiègne. Mais il s'est avancé trop loin au milieu des pro-
* vinces occupées. En 1424, il reperd tout ce qu'il avait repris. Il rentre à Bourges. Il commence à douter de sa victoire. Il se demande même si sa mère n'avait pas raison, s'il n'est pas un bâtard. Il avait autour de lui de bons conseillers: il les chasse. Il les remplace par des hommes avides qui ne pensent qu'à
* s'enrichir.

A Paris, c'est le duc de BEDFORD, oncle du roi, qui gouverne comme régent au nom du petit Henry VI. C'est un homme intelligent, habile, excellent soldat. En 1428, il décide de vaincre définitivement le roi de Bourges. Il prend des villes
* le long de la Loire. Le 12 octobre, il met le siège devant Orléans. Pour Charles VII, la situation est très grave: si Bedford prend Orléans, plus rien ne pourra l'arrêter. Charles devra s'enfuir, à Lyon, peut-être même à Grenoble, en Dauphiné. Il ne lui restera plus rien de son royaume.
* Devant le danger, Charles a compris qu'il devait chasser les mauvais conseillers et rappeler ses anciens amis. Il met à la tête de son armée d'excellents capitaines: XAINTRAILLES, LA HIRE, DUNOIS, qu'on appelle le "Bâtard d'Orléans",

---

1) **un royaume qu'il jugeait perdu:** 「彼が失ったと思った王国」

58

car il est un fils illégitime de Louis d'Orléans, le duc dont l'assassinat en 1407 a déclenché la guerre civile. Malgré leur valeur, ces hommes ne parviennent pas à empêcher les Anglais de poursuivre le siège d'Orléans.

En février 1429, une partie de l'armée française est vaincue *
à la "journée des Harengs". Les Anglais amenaient des chariots chargés de poissons pour ravitailler les soldats qui assiégeaient Orléans. Les Français décidèrent de couper la route à ce convoi. Mais ils s'y prirent avec tant de maladresse que les Anglais eurent le temps de les voir venir et de se cacher der- *
rière les chariots. Quand les Français arrivèrent, les Anglais renversèrent les chariots sur les soldats de Dunois. Beaucoup furent alors tués. Quand on ramassa les blessés au milieu des poissons, ils puaient le hareng!

Le siège durait depuis cinq mois. Les assiégés commençaient *
à manquer de vivres et de munitions. Cependant ils savaient que lorsqu'ils se rendraient, ils seraient massacrés et la ville incendiée. Mais ils ne pourraient pas tenir longtemps encore. Charles VII était à Chinon. On lui conseillait de partir. Le roi était prêt à abandonner un royaume qu'il jugeait perdu[1].　　*

C'est alors qu'on lui annonça qu'une étrange fille était arrivée dans la ville. Elle prétendait qu'elle était envoyée par Dieu pour chasser les Anglais hors de France et qu'elle voulait

---

juger ～＋属詞　…を～と思う。perdu は royaume の属詞。

voir le roi.

Elle s'appelait JEANNE D'ARC.

JEANNE D'ARC

Un livre entier de la collection "Facile à lire", a été consacré à la merveilleuse aventure de Jeanne d'Arc[1]. C'est pourquoi le présent chapitre ne sera qu'un résumé rapide des événements qui ont changé, de 1429 à 1431, le destin de la France et de l'Angleterre.

✱

✱ ✱

Jeanne était la fille d'un laboureur du village de Domrémy, ✱ en Lorraine. Etant enfant, elle gardait les moutons de son père dans les prés au bord de la Meuse. Vers l'âge de treize ans, elle commença à entendre des voix : c'était, dit-elle plus tard, celles de l'ange Saint Michel, de sainte Marguerite et de sainte Catherine. Pendant plusieurs années, ces voix lui dirent ✱ qu'elle avait été choisie par Dieu pour "chasser les Anglais hors de France". Pendant longtemps, Jeanne ne parla à personne de ces voix. Mais en 1427 (elle avait environ seize ans), elle demanda à son père de la laisser partir pour sauver la France. Son père se fâcha et lui interdit de quitter Domrémy. ✱

Pendant deux ans, Jeanne, qui entendait toujours ses voix, se battit pour obtenir l'autorisation de partir. Elle finit par l'obtenir et, le 25 février 1429, elle quitta son village. On lui donna un cheval et des armes. Elle s'était habillée en homme et avait coupé ses cheveux comme un garçon. Comme elle avait fait le vœu[1] de rester vierge, on l'appela la PUCELLE.

Le roi Charles VII était alors dans un château de la vallée
* de la Loire: CHINON. Pour y parvenir, il fallait traverser une partie de la France, des régions occupées par des ennemis de Charles VII: Anglais ou Bourguignons. Cependant, le 6 mars, onze jours après son départ de Lorraine, Jeanne était sous les murs du château royal. Saint Michel l'avait bien protégée!
* Le roi refusa d'abord de la recevoir. Il envoya quelques uns de ses conseillers pour l'interroger. Elle leur dit: "J'ai reçu de Dieu l'ordre de délivrer Orléans, assiégé par les Anglais, puis de conduire le roi à Reims pour y être sacré". Les envoyés du roi revinrent au château et conseillèrent à
* Charles VII de recevoir la Pucelle. Le roi accepta. Cependant, il voulait mettre Jeanne à l'épreuve.

Jeanne entra dans la grande salle du château. Elle était pleine de grands seigneurs et de belles dames. Tout le monde était debout sauf un homme richement habillé, qui était assis
* dans un grand fauteuil. Jeanne n'avait jamais vu le roi. Mais elle ne regarda même pas l'homme assis. Elle se dirigea vers un gentilhomme habillé simplement, qui se tenait modestement au milieu des courtisans. Elle s'agenouilla devant lui et lui dit:

---

1) **vœu:** （宗教上の）誓い。「（神への）願い」という意味もある。

62

"Gentil dauphin, que Dieu vous donne longue vie[1]".
(Charles est roi de France depuis sept ans, mais il n'a pas
encore été sacré. C'est pourquoi Jeanne lui donne le titre de
"dauphin"). Charles entraîne Jeanne à l'écart. Ils parlent pendant près d'une heure. On ne sait pas ce qu'ils se sont dit.
Quand ils reviennent au milieu des courtisans, le roi a un visage bouleversé, plein de larmes. Mais, diront les témoins,
c'étaient des larmes de joie.

Le 15 avril, Charles nomme Jeanne chef de son armée.
Orléans est assiégée par les Anglais depuis six mois. Les
Orléanais ne peuvent plus résister et ils sont tout près de se
rendre. Le 29 avril, Jeanne et l'armée française arrivent devant
Orléans. Le 7 mai, au cours d'une attaque, Jeanne est blessée
par une flèche. Mais cette blessure ne l'arrête pas. Elle entraîne
ses soldats et, à leur tête, elle entre dans un fort tenu par les
Anglais. Le lendemain, 8 mai, les Anglais lèvent le siège et s'en
vont vers le nord. (Aujourd'hui, en France, le 8 mai est
officiellement la fête de Jeanne d'Arc[2]).

✳

✳　　✳

Jeanne a rempli la première moitié de sa mission. Elle doit
maintenant accomplir la deuxième: conduire Charles VII à

---

1) **Gentil dauphin, que . . .:**　gentil＝noble. que 〜は独立節で願望,
祈願の意, 動詞は接続法。

Reims. Mais sur la route de Reims, il y a des Anglais et des Bourguignons. Il faut prendre des villes au fur et à mesure qu'on avance. L'une après l'autre, les villes occupées par les ennemis se rendent au roi de France, et, le 16 juillet 1429, Charles entre dans Reims. Jeanne est à côté de lui, suivie de *
toute l'armée. Le 17, dans la magnifique cathédrale, le roi est sacré par l'archevêque de la ville. Puis l'armée repart vers Paris, la capitale du royaume, qui est occupée par les Anglais.

Jeanne continue à se battre. Mais sa mission est terminée et elle n'entend plus ses voix. Le 8 septembre, elle essaie d'entrer *
dans Paris, mais elle est blessée et l'attaque échoue. Puis l'hiver arrive et la guerre s'arrête. Elle reprend au printemps. Au mois de mai 1430, les Bourguignons assiègent la ville de COMPIEGNE. Jeanne décide de la secourir. Là encore elle échoue, et elle est faite prisonnière. Les Anglais veulent la *
juger et la condamner. Ils l'achètent au duc de Bourgogne. Elle est conduite à ROUEN, en Normandie, où se trouve le jeune roi HENRI VI. Le procès commence le 21 février 1431, c'est-à-dire exactement deux ans après le départ de Jeanne de Domrémy. C'est un Français, l'évêque de Beauvais Pierre *
CAUCHON, qui conduit ce procès pour les Anglais.

Le 30 mai, condamnée à mort, Jeanne est conduite sur la place du Vieux-Marché. Un grand bûcher a été dressé. Jeanne

---

2) **la fête de Jeanne d'Arc:** フランスの暦では聖人の祭りの日が決まっている。

y monte. Le bourreau y met le feu. Charles VII n'avait rien fait pour essayer de la sauver. Cependant, vingt ans plus tard il fit faire un nouveau procès pour la réhabiliter. En 1920, le Pape de Rome déclara Jeanne d'Arc sainte de l'Eglise catho-
* lique. Depuis quatre cent cinquante ans, elle est pour les Français la PUCELLE d'ORLEANS.

Mais pour les Anglais, elle n'est qu'une sorcière!

CHARLES VII LE VICTORIEUX

Jeanne d'Arc avait délivré Orléans et fait sacrer le roi à Reims. Mais elle n'avait pas complètement "chassé les Anglais hors de France". Après sa mort, il restait encore beaucoup à faire pour libérer le royaume. Mais grâce à elle, l'espoir était revenu, et Charles VII était maintenant vraiment roi. La *
guerre continuait mais la victoire semblait avoir "changé de camp": l'armée française menaçait Paris; une armée bourguignonne était battue en Dauphiné. Le roi de France trouvait des alliés partout: en Ecosse, en Espagne, en Allemagne, en Autriche. Le duc de Bourgogne se sentit menacé. Philippe le *
Bon savait que si les Anglais étaient battus, lui-même disparaîtrait, car il ne pourrait pas résister seul au roi de France.

Et les Anglais semblent perdus. Le 14 septembre 1435, le duc de Bedford meurt à Rouen. Frère d'Henry V et oncle d'Henry VI, il était régent du royaume de France (de la France *
occupée par les Anglais). C'était aussi un grand chef militaire. Maintenant, l'armée anglaise n'a plus de véritable chef. Le duc de Bourgogne réunit son Conseil. Le Conseil pense qu'il faut absolument faire la paix avec le roi de France. Huit jours après la mort de Bedford, la paix est signée à Arras entre la *

Bourgogne et la France.

Charles VII reconnaît l'indépendance de la Bourgogne jusqu'à la mort de Philippe le Bon. Il lui donne plusieurs villes en Picardie (à la frontière de la Flandre). Surtout, Charles

* déclare qu'il regrette sincèrement le meurtre de Jean sans Peur. Le père de Philippe le Bon avait été assassiné à Montereau, en 1418, pendant l'entrevue qui réunissait le duc de Bourgogne et le dauphin Charles. Philippe le Bon avait alors juré de venger son père, et c'est pour cette raison qu'il s'était

* allié avec les Anglais contre le responsable de cet assassinat. Philippe accorda son pardon à Charles. La paix fut donc faite et, même, Philippe le Bon s'allia avec Charles VII pour l'aider à chasser définitivement les Anglais hors du royaume!

La Paix d'Arras mettait fin aussi à la guerre civile des

* Armagnacs et des Bourguignons: il n'y avait plus d'Armagnacs, les partisans du duc d'Orléans redevenaient des Français, sujets du roi de France, amis et alliés du duc de Bourgogne.

*

* *

A partir de ce moment, Charles VII va reprendre peu à peu les provinces occupées par les Anglais: d'abord le nord

* de Normandie, puis l'Ile-de-France. En avril 1436, l'armée française est à Saint-Denis, à quelques kilomètres au nord de

Paris[1]. Elle est commandée par RICHEMONT, frère du duc de Bretagne, que Charles VII a nommé Connétable.

Le peuple de Paris ne peut plus supporter l'occupation anglaise. Tout est rare et cher: les soldats de Richemont empêchent le ravitaillement d'arriver. Les Anglais commencent *
à avoir peur. Ils arrêtent et exécutent les "résistants" parisiens.
Il y a en effet une véritable résistance qui s'est organisée contre les occupants. Cette résistance parvient à correspondre avec l'armée du roi. Le 13 avril, la révolte devient générale. Les Parisiens jettent sur les Anglais des bûches, des pierres, des *
ustensiles de cuisine. Mais les Anglais sont bien armés et se défendent. Ils apprennent que l'armée française a quitté Saint-Denis et qu'elle s'approche de Paris. Elle doit normalement arriver par le nord:tous les Anglais se précipitent vers la Porte Saint-Denis. Mais Richemont a contourné la ville, et il *
arrive par le sud. La "résistance" lui ouvre la Porte Saint-Jacques. Les Français sont accueillis par une foule en délire.

Charles VII a interdit à son armée de massacrer les Anglais et de piller la ville. Il accorde la vie sauve aux occupants et aux Français "collaborateurs": il les autorise à s'embarquer *
sur la Seine pour aller à Rouen. Les vaincus partent sous les cris de la foule qui se moque d'eux, leur souhaite ironiquement "bon voyage" et leur conseille de ne jamais revenir!"

---

1) **à quelques kilomètres au nord de Paris:** 　〜の方角…キロ。

Charles VII ne vint à Paris qu'en novembre 1437. Quand il arriva devant sa capitale, les Parisiens lui apportèrent les clés de la ville. Charles entra dans la ville au milieu de la joie populaire. Il y eut des fêtes magnifiques: dans les fontaines, le
* vin coula à la place de l'eau. Une grande cérémonie eut lieu à Notre-Dame: le roi y chanta le TE DEUM[1] en remerciement à Dieu.

Cinq cent sept ans plus tard, les soldats du Général Leclerc entrèrent aussi dans Paris par la rue Saint-Jacques et chassèrent
* les occupants (allemands). Le 28 août 1944, le Général de Gaulle fut accueilli par une foule en délire dans Paris libéré et, comme Charles VII, il alla chanter le TE DEUM à Notre-Dame.

*

*　　*

Dans tout le royaume la libération de Paris provoqua une joie immense. Mais cependant la guerre n'était pas finie. Elle
* dura encore dix-sept ans! Charles VII était devenu un véritable chef de guerre. A Montereau, à Pontoise, il émerveilla ses soldats par son ardeur et son courage dans la bataille. Il entre dans les fossés, monte aux échelles l'épée à la main, devant de grands capitaines comme Dunois (le Batard d'Orléans) ou
* Xaintrailles. Le 20 mai 1444, une trêve est signée entre les

---

1) **Te Deum:**　神を讃え感謝する讃美歌。勝利の後にこれが歌われ

70

Anglais et les Français, c'est-à-dire que l'on décide de ne pas se battre pendant un certain temps.

Charles VII en profite pour relever l'économie de la France. Bien conseillé et bien aidé par des ministres sages et compétents, il parvient en peu de temps à refaire un pays riche et * sûr. Sur les routes, les marchands venus du nord ou de l'Italie circulent en toute sécurité; les villes et les villages sont reconstruits; les champs sont cultivés; l'industrie renaît. Le roi réforme les impôts, les finances, la justice, l'administration. Charles VII reprend et termine l'œuvre de son grand-père * Charles V. Un homme l'a beaucoup aidé: c'est le banquier Jacques CŒUR. C'était un riche commerçant de Bourges, qui sut remettre la France au centre du commerce international.

Charles VII fut aussi aidé par une femme remarquable: la très belle Agnès SOREL. On l'appelait la "Dame de Beauté", * non seulement à cause de son charme, mais aussi parce que le roi lui avait donné le château de Beauté, près de Paris. Agnès Sorel était intelligente et discrète. Elle sut conseiller Charles VII. Malheureusement elle mourut en 1450: elle n'avait que vingt-huit ans. *

En 1448, les Anglais "rompent la trêve": la guerre recommence. L'armée française pénètre en Normandie. Le 15 avril 1450, Richemont remporte une grande victoire à FORMIGNY, près de Caen. Les Anglais étaient les plus nombreux. Ils perdirent 3774 tués ou blessés et 12000 prisonniers. Les Français eurent 12 morts! Cette victoire, acclamée dans tout le royaume, amena la reconquête totale de la Normandie.

* Il ne restait à reprendre que la Guyenne. Charles VII y envoya une armée. Les Anglais, commandés par TALBOT, se trouvaient dans la ville de CASTILLON. Les Français vinrent y mettre le siège. Talbot, sûr de la victoire, attendit. Le 17 juillet 1453 était un dimanche. Talbot était à la messe quand
* on vint lui dire que les Français levaient le siège et s'en allaient. Talbot se précipita en jurant "qu'il n'entendrait plus de messe jusqu'à ce qu'il ait écrasé cette compagnie de Français![1]" La cavalerie anglaise s'élança. Mais les Français avaient placé leurs canons pour la recevoir. Elle ne put avancer. Elle ne put
* avancer. L'armée française n'était pas allée bien loin: elle revint, et c'est elle qui écrasa les Anglais. Talbot et son fils furent tués. La route de Bordeaux était ouverte. Le 19 octobre, la capitale de la Guyenne était enfin prise: elle était anglaise depuis 1154.

* Les Bordelais ne furent pas très contents de redevenir Français. Ils faisaient tout le commerce de leur vin avec Londres. A Paris, on buvait du vin d'Ile-de-France, et dans

---

1) **jusqu'à ce qu'il. . . Français!:** 「自分がフランス軍を潰滅させて
しまうまでは」jusqu'à ce que の後の節の動詞は接続法。il は

les autres provinces, chaque région faisait son propre vin —
ou du cidre en Bretagne et en Normandie. Les vignerons et
les commerçants de Bordeaux avaient bien peur d'être ruinés.

La guerre de Cent ans était finie. Vingt-deux ans après la
mort de Jeanne d'Arc, les Anglais avaient quitté le royaume *
de France; il ne leur restait que Calais. Ils n'abandonnèrent la
ville qu'en 1558.

Charles VII était devenu le "Grand roi d'Occident", "le
plus grand Prince de la terre"! On l'appela CHARLES VII
LE VICTORIEUX.   *

La France avait gagné la Guerre de Cent ans.

Talbot。この複合形は完了を表す前未来が時制の一致で接続法・
過去形になったもの。

音声はこちら

https://text.asahipress.com/free/french/laguerredecentans/

百年戦争

|検印省略| ⓒ 1989年4月1日　第1版発行
1995年4月1日　第2刷発行
2025年2月1日　改訂第1版発行

編著者　　クリスチャン・ボームルー
　　　　　福　井　芳　男

発行者　　原　　　雅　　　久
発行所　　株式会社　朝日出版社
　　　　　101-0065 東京都千代田区西神田3-3-5
　　　　　電話（03）3239-0271・72
　　　　　振替口座　00140-2-46008
　　　　　https://www.asahipress.com
　　　　　　　　　　錦明印刷株式会社

乱丁、落丁本はお取り替えいたします。
ISBN978-4-255-35353-1　C1085

本書の一部あるいは全部を無断で複写複製（撮影・デジタル化を含む）及び転載することは、法律上で認められた場合を除き、禁じられています。